NÉCESSITÉ

DU

RACHAT DES CHEMINS DE FER

PAR L'ÉTAT

NÉCESSITÉ

DU

RACHAT DES CHEMINS DE FER

PAR L'ÉTAT

PAR PH. PLACE,

Ingénieur-civil.

PARIS

IMPRIMERIE BONAVENTURE ET DUCESSOIS,

55, quai des Grands-Augustins.

1848

NECESSITÉ

DU

RACHAT DES CHEMINS DE FER

PAR L'ÉTAT.

La grande question des chemins de fer est enfin tranchée. M. Goudchaux a déclaré, au nom du Gouvernement de la République, que le projet de rachat était pour toujours abandonné.

Aussi, grande jubilation dans le camp des administrateurs à qui seuls l'exploitation actuelle profite; grande consternation dans le camp plus nombreux des actionnaires qui voient leurs actions sans produit, sans valeur.

Nous n'avons aucune sympathie pour les utopies socialistes qui pullulent de nos jours, et nous sommes loin d'approuver tous les actes et tous les projets du Gouvernement provisoire mais nous pensons que quelques-uns des plans financiers de M. Duclerc devaient avoir d'heureux résultats pour la fortune publique.

M. Duclerc voulait rendre l'État propriétaire des grandes entreprises, assurances, éclairage des villes, chemins de fer, etc.

Avait-il raison? Oui, sans doute; au moins pour ces deux dernières entreprises, qui n'auraient jamais dû être confiées à des compagnies : l'éclairage des villes et les grandes lignes de fer tiennent trop intimément à l'ordre et à la sûreté publics, pour que l'État, dont le premier devoir est de maintenir l'ordre et d'assurer la sécurité de tous, ait pu remettre à des compagnies égoïstes l'accomplissement de ce grand devoir. — Puis, n'appartenait-il pas au Gouvernement républicain, institué pour la répression des abus, de réformer la monstrueuse législation sur les chemins de fer, et d'opposer une barrière à l'envahissement toujours croissant des compagnies financières? Malheureusement, les fatales journées de juin ont amené contre les idées de sage et progressive réforme une réaction fâcheuse; la crainte exagérée du communisme a conduit à la conservation *quand même*, et aussi à la consécration des fautes les plus graves des gouvernements déchus.

La vérité de cette assertion pourrait être démontrée dans plusieurs des branches de l'administration actuelle; notre travail ne la cherchera et ne la fera luire que dans la seule question des chemins de fer.

L'ancien ministre des finances avait déclaré que l'État rachèterait toutes les lignes de fer, et il avait exprimé les conditions de ce rachat. Ces conditions constituaient une spoliation si flagrante de la propriété des actionnaires, qu'un cri universel de réprobation s'est élevé contre le projet. Mais, qu'on ne s'y trompe pas, les actionnaires ne se plaignaient pas du rachat, ils l'avaient accueilli avec joie; ils se plaignaient uniquement des conditions de ce rachat. Qu'on les eut modifiées, qu'on les eut ramenées à la juste indemnité qu'un propriétaire dépossédé a le droit d'attendre de l'État qui le dépossède, et le projet se rattachait l'approbation générale, sauf toutefois celle de messieurs les administrateurs, intéressés à conserver leurs positions si belles, si richement *honorées;* et ce sont eux qui, par leurs menées adroites, par la puissance de leur position, ont forcé le retrait du projet.

Ils ont attaqué et fait attaquer par les moyens les plus actifs, par la presse, par des mémoires, par des consultations d'avocats, non-seulement les conditions, nous les aurions suivis sur ce terrain, mais encore le principe du rachat. Ce n'était pas assez; pendant que les journaux et les brochures battaient en brèche le projet du ministre, messieurs les administrateurs réunissaient leurs actionnaires dans des assemblées générales, et c'est là que leur savoir faire a brillé dans tout son éclat : tout est préparé à l'avance, les orateurs de l'administration sont distribués sur tous les points de la salle, ils crient au scandale, à la spoliation; les amis, les commis, les concierges, improvisés actionnaires, sont à leur poste prêts à donner l'appui de leur vote *vraiment désintéressé*. Et malheur alors à l'actionnaire sérieux qui ose élever la voix pour placer humblement une modeste observation, à l'instant mille vociférations tonnent contre lui ; vainement les vrais actionnaires essaient de le soutenir, de lui maintenir la parole, ils sont à leur tour repoussés, et peu s'en faut que le malencontreux orateur ne soit jeté à la porte, ce pelé, ce galeux, cet anarchiste, ce révolutionnaire qui se permet de critiquer la conduite de ses souverains seigneurs et maîtres! Autant en arrivait-il dans certains clubs où d'illustres apôtres de la liberté couvraient par leurs cris la parole de leurs contradicteurs, et les auraient fait jeter par les fenêtres pour leur prouver l'inanité de leurs arguments.

Voilà quelles assemblées, prétendues générales, ont décidé que des protestations seraient faites contre le projet de rachat! Voilà quelles protestations ont motivé le retrait de ce projet!

Mais ces protestations signalaient, sans le craindre, sans y croire, le danger de tout centraliser dans les mains du Gouvernement. Il touche à la propriété pour l'anéantir, il touchera à la famille pour l'éteindre ; c'est du socialisme, c'est du communisme! et le nouveau ministre des finances, cédant, peut-être à son insçu, à l'influence des administrateurs des compagnies, cédant, en parfaite connaissance de cause, à la terreur qu'inspire même l'apparence d'une idée communiste, a retiré le projet.

Est-ce un bien? Est-ce un mal?

C'est un mal pour les actionnaires d'abord, puis pour l'État.

L'État doit posséder les lignes de fer ; ne viendra-t-il pas un jour, dans 14, dans 15 ans, où, sans tendance vers le communisme, et par la seule force du contrat, cette propriété lui fera retour? Mieux vaut aujourd'hui que plus tard, les actionnaires ne perdront pas des dividendes qu'ils n'auraient jamais touchés, ils gagneront à ne plus voir leur capital diminué petit à petit par les frais d'une ruineuse administration.

Le Gouvernement a donc eu tort d'abandonner le projet de rachat, il doit le reprendre.

Dans l'intérêt des actionnaires, expliquons l'origine des administrations de chemins de fer, leur composition, leur fonctionnement, leur comptabilité; signalons les avantages qui découlent, pour quelques privilégiés, de la qualité d'administrateur, avantages que paye l'actionnaire, et nous aurons démontré l'impérieuse nécessité, au point de vue de l'intéret des actionnaires, de faire cesser de criants abus.

L'origine des administrations de chemin de fer prouve que ces administrations n'ont point été créées pour le plus grand profit des actionnaires à qui l'on ne demandait qu'une chose, leur argent, mais pour le plus grand bénéfice de MM. les administrateurs, que cet argent devait enrichir.

Dans l'année 1845, alors que l'État mettait en adjudication cet immense réseau de chemins de fer, on a vu surgir pour une même concession un nombre infini de compagnies concurrentes. Les noms les plus inconnus, les plus tarés quelquefois, s'unissaient par des actes de société provisoires, et ces noms devenaient ceux des administrateurs de la société pour parvenir à se glisser, au même titre, au moyen d'une fusion, dans le cadre de la société à qui l'affaire resterait en définitive.

On ouvrait alors boutique de souscriptions ; on imprimait des titres d'actions provisoires; on lançait des prospectus aux promesses dorées ; on faisait le plus énergique appel aux capitaux par les journaux, par les affiches, par tous les modes de publicité; on expédiait les courtiers, ces prospectus vivants et bavards, sur les boulevards, dans les cafés, sous le péristyle de la Bourse et partout. On obtenait force signatures ; puis, on faisait dans l'intérieur de la Bourse les grandes manœuvres pour donner à ces souscriptions provisoires, à ces feuilles de chêne, une valeur fabuleuse.

On a vu ces promesses dérisoires d'actions monter à 40, à 50, et à 100 pour 100 de prime sur le premier versement ; on a vu MM. les administrateurs provisoires inoculer à chacun cette fièvre d'agiotage, la nourrir, et la pousser à son dernier paroxysme ; on a vu cette triste maladie, dont la soif du gain est l'inépuisable aliment, s'emparer de toutes les classes de la société, même des plus infimes. De petits commerçants, de pauvres ouvriers, des gens à gage portaient leurs épargnes à ces compagnies éphémères; elles demandaient si peu! 25 fr., 50 fr. au plus par action : aussi, tel qui ne pouvait disposer que d'un faible capital de 1000 fr., par exemple, souscrivait 100 actions dans chacune des ces innombrables compagnies, persuadé, qu'il était, que le chiffre souscrit se réduirait des 8 ou 9 dixièmes, et que son faible capital suffirait au premier versement. L'événement contraire, qui le prévoyait? Qui pensait à l'avenir? Qui pensait aux versements futurs?

Personne! Tous les efforts tendaient uniquement à se procurer ces bienheureuses promesses d'actions pour les revendre aussitôt et réaliser un bénéfice, bénéfice qui s'élevait dans la proportion de la valeur des noms qui figuraient au prospectus de telle ou telle compagnie. Après avoir passé par les mains de dix, de vingt spéculateurs, ces promesses d'actions étaient achetées par des actionnaires sérieux, et pour eux c'était la ruine; mais qu'importe? MM. les fondateurs étaient administrateurs d'une société provisoire, il est vrai; mais cette qualité était un marchepied pour monter à l'administration de la société définitive. Cet espoir, devait-il être trompé? Une consolation bien douce attendait ce mécompte, on s'était réservé la majeure partie des actions, on avait revendu le reste avec prime, on avait facilement gagné de l'argent, beaucoup d'argent : pouvait-on se plaindre?

Puis était venu le grand jour de l'adjudication. Une adroite fusion sacrifiait inhumainement l'intérêt des souscripteurs d'actions; mais on était parvenu à rester administrateur, et c'était là l'immense, l'unique affaire, car aux avantages brillants de la position se joignait un énorme bénéfice sur les actions que prudemment on avait conservées.

Et la preuve que les administrateurs provisoires des compagnies fusionnées n'étaient mus que par un intérêt tout personnel, c'est que, dans la crainte d'échouer à l'adjudication, ils ont soumissionné à des conditions telles qu'un désastre était inévitable pour les actionnaires, si la soumission était acceptée. Et ils le savaient; mais, avant tout, il fallait être administrateur définitif, car à ce titre la fortune était attachée.

Nous disons que les conditions de toutes les soumissions faites à cette époque étaient ruineuses pour les actionnaires, et l'événement a justifié notre assertion ; après que les administrateurs ont eu vidé leurs mains de toutes ou de presque toutes leurs actions à des primes exagérées (celles du Nord se sont élevées à 400 fr.), le cours a fléchi rapidement, et aujourd'hui, au lieu de 400 fr. de prime (900 fr. l'action de 500 fr.), l'action fait un peu plus de 350 fr. Perte, 550 fr. environ. Et à la fin de la concession, si elle atteint son terme, l'action, nous l'établirions au besoin par la plus irréfragable des démonstrations, celle qui s'appuie sur des chiffres, l'action sera réduite à zéro. Qu'on se le tienne pour assuré.

Tel est l'historique vrai de l'origine de presque toutes les administrations de chemins de fer. Et nous le demandons, quelle garantie de moralité offrent ces administrations aux malheureux actionnaires? Quelle garantie d'avenir peuvent-elles leur assurer? Aucune sans doute. N'avions-nous pas raison de dire qu'il faut arracher l'actionnaire à la ruineuse tutèle de ses administrateurs?

Mais cette garantie que l'actionnaire a le droit incontestable d'exiger, s'il l'a cherchée en vain dans l'origine de son conseil d'administration, la trouvera-t-il au moins dans la composition de ce même conseil?

Non, un conseil d'administration de chemin de fer, c'est un assemblage d'élémens hétérogènes ; c'est une réunion d'hommes qui se connaissaient à peine, qui, ayant jusque-là marché dans des directions diverses, se sont rencontrés dans une commune ambition d'argent, et qui ont accepté, non comme but, mais comme prétexte, les travaux gigantesques que l'État leur a confiés.

Connaissaient-ils ces travaux? Avaient-ils calculé rigoureusement les moyens de leur exécution? les chances de gain ou de perte? la portée enfin de l'entreprise dans laquelle ils entraînaient ce troupeau de crédules actionnaires? Non. Et comment l'auraient-ils pu? A quelques rares exceptions près, on ne trouvera pas parmi eux un homme spécial. Et voilà les administrateurs auxquels la France a remis l'exécution de travaux cyclopéens qui devaient un jour faire sa gloire et sa richesse! Voilà les administrateurs aux pieds desquels les actionnaires se sont sottement empressés de jeter leurs capitaux!

Là encore, toute sauvegarde ne manque-t-elle pas à l'actionnaire qui, réduit à un rôle passif, voit son droit d'action abandonné à des hommes avides, et le plus souvent incapables?

Le fonctionnement des administrations met encore les intérêts de la commandite dans un véritable péril. Ces administrations agissent sans contrôle, elles sont omnipotentes, et leur intérêt personnel dicte presque toujours seul leurs décisions. Qui bornera cependant cette puissance?

Les commissaires du Gouvernement? Mais ces commissaires sont une dérision, une véritable superfétation; ils coûtent à l'État 6,000 fr. par an, et voilà tout. Quelle action pourraient-ils exercer sur ces hauts et puissants administrateurs? Absolument aucune. Y songent-ils seulement? Il nous est permis d'en douter.

Les assemblées générales? Mais nous avons dit de quels élémens elles se composaient; les amis de l'administration y forment la majorité. Nous avons dit quel appui pouvait y espérer l'actionnaire qui croit devoir y hasarder une observation.

La comptabilité au moins sera organisée et suivie avec loyauté, avec sévérité, c'est possible; mais nous l'ignorons et nous ne pouvons que l'ignorer. Pour les actionnaires, la comptabilité, ce sont lettres closes; c'est du parfait inconnu. Les comptes qui leur sont rendus le sont de la manière la plus sommaire:

Recettes. — Tant.

Dépenses. — Construction de machines, de wagons, traitements, appointements, salaires, etc. — Tant.

Reliquat. — Tant.

Conclusion. — Presque toujours un appel de fonds.

Il est possible que les résultats présentés soient sincères; mais pourquoi céler les chiffres qui les ont produits? C'est autoriser, c'est justifier le doute.

Il faudrait, pour se placer au-dessus du soupçon, que messieurs les administrateurs dressassent mensuellement un état détaillé des recettes et des dépenses qui comprendrait le nom et les fonctions de chaque ingénieur, employé, ouvrier, contre-maître, enfin, de chaque partie prenante ; le salaire à la journée, au mois, à l'année, attribué à chacun d'eux ; les sommes payées à titre d'avance ou pour solde aux entrepreneurs, etc., un compte enfin de clerc à maître où le plus petit objet de dépense serait appelé par son nom.

Il faudrait que ces états fussent imprimés ou autographiés au nombre de 1,000 exemplaires, ce qui serait suffisant pour qu'un groupe d'actionnaires pût en posséder un, et qu'ils fussent distribués au plus tard le 8 de chaque mois.

Il faudrait que tout actionnaire eût le droit d'aller dans les bureaux vérifier les comptes, y consulter leur justification, et qu'à cet effet, tous registres et pièces fussent mis à sa disposition.

Il faudrait que tout actionnaire, quelque fût le nombre de ses actions, n'en eût-il qu'une, eût le droit d'assister aux assemblées générales; l'exclusion des petits actionnaires est un contre-sens dans tous les temps, mais surtout dans celui où nous vivons.

Tant que ces modifications ne seront point apportées au pacte social, et les administrations les repousseront toujours, nous dirons que ces administrations représentent mal les intérêts des actionnaires, et que la prise d'actions dans une compagnie de chemins de fer est le plus dangereux emploi d'un capital.

Voyons maintenant si MM. les administrateurs n'avaient pas, dans la guerre heureuse qu'ils ont faite au projet de rachat, un mobile autre que celui qu'ils ont avoué, et si le désir de sauver leur position n'a pas seul tracé le plan de leur conduite en cette circonstance. La simple énumération des avantages attachés à la fonction d'administrateur va répondre, et bien haut, qu'une préoccupation personnelle les a seule dirigés.

Les administrateurs d'un chemin de fer disposent à leur gré des immenses capitaux de la commandite ; ils passent sous le manteau, et sans concurrence réelle, des marchés énormes; ils placent et déplacent les fonds. Nous ne voulons pas incriminer, mais ne sait-on pas que toujours, dans les grandes opérations financières, les pots de vin ont leur rôle, et un rôle important? et pour les agents inférieurs, pour les entremetteurs officieux, que de belles et précieuses occasions!

Les administrateurs d'un chemin de fer nomment et destituent les employés de tout grade... Dans les nominations, les fils, les frères, les parents, les alliés à tous les degrés ne sont jamais oubliés, et, certes, les emplois valent bien qu'on y regarde, quelques-uns s'élèvent au chiffre de 15 à 20,000 fr.

Les administrateurs d'un chemin de fer connaissent mieux que personne, mieux que les actionnaires surtout, la situation de leur compagnie; et l'on sait que la valeur vénale des actions a pour base de hausse ou de baisse l'état prospère ou fâcheux des affaires de la compagnie. Or, qu'un grand désastre survienne dans les travaux; que les fonds soient épuisés, et qu'un appel aux actionnaires soit devenu nécessaire; qu'au contraire, un événement heureux soit sur le point de se produire, les administrateurs savent tout à l'avance; ils connaissent donc à quel jour donné les actions seront cotées en hausse ou en baisse, et cette connaissance n'est-elle pas précieuse pour des spéculateurs? Et qu'on ne vienne pas dire que les administrateurs ne spéculent jamais, la Bourse entière donnerait à cette allégation le plus éclatant démenti.

Les administrateurs d'un chemin de fer (deux ou trois compagnies exceptées) s'allouent, sous le titre de jetons de présence, un modeste prélèvement de 150 et 200,000 fr. par an; et cette exaction ne se pratique pas seulement dans des compagnies dont les lignes sont en exploitation et produisent, mais aussi dans des compagnies dont les chemins sont en cours d'exécution, et partant sur un capital encore improductif. Et pourquoi? pour venir à de certains jours deviser dans le somptueux hôtel de la compagnie et sur les moelleux divans de la Société. Quelle honte! A côté d'eux, les pauvres actionnaires meurent de faim! Et sait-on bien ce que ces prélèvements auront, à la fin de certaine concession, coûté aux actionnaires? 13 à 14 millions.

Enfin, qu'on prenne un à un le personnel administratif des compagnies, et l'on se convaincra que les administrateurs sont mêlés à tout et prennent partout les mêmes émoluments. Puis, ils ont aussi, bien entendu, d'autres affaires : les entreprises d'éclairage, de mines, de hauts fourneaux, de comptoirs d'escomptes, etc.

Un pareil cumul, pour être en dehors de la vie publique, pour n'être pas sujet à la répression de la loi, est-il moins scandaleux?

N'avions-nous pas raison de dire, n'avons-nous pas prouvé que l'origine des administrations de chemins de fer, leur composition, leur fonctionnement et leur comptabilité, n'offraient aucune garantie aux actionnaires? N'avons-nous pas prouvé que les avantages dont sont gratifiés les administrateurs aux dépens de la chose commune sont la ruine des actionnaires, et c'est, ce nous semble, avoir prouvé qu'il y a là un grave abus à réformer.

Cette réforme, qui l'amènera complète, radicale? C'est le rachat des chemins de fer par l'Etat.

Alors, plus d'agiotage, plus de népotisme; plus de comptabilité fantasmagorique où rien n'est justifié aux yeux de l'actionnaire, où rien ne peut être examiné; plus de frais ruineux d'administration. L'intérêt des actionnaires est sauvé.

Un autre intérêt plus sacré exige aussi le rachat des chemins de fer; cet intérêt, c'est celui de l'Etat.

Les administrateurs des chemins de fer sont armés d'une

grande puissance qui, certes, ne peut pas balancer celle de l'Etat, mais qui peut lui nuire.

Cette puissance des administrations est toute nouvelle : elle est née d'hier; mais elle a le pied partout et la main sur tout; elle a sous ses ordres une véritable armée, composée de nombreux ouvriers qu'elle emploie dans toutes les industries qui se rattachent à la sienne : ateliers de machines, fonderies, hauts fourneaux, ateliers de charronnage, de menuiserie, de serrurerie, etc. ; elle dispose de capitaux immenses qui s'élèvent à plusieurs milliards, c'est-à-dire qui représentent à-peu-près tout le capital monétaire de la France; elle a son centre à Paris, et son influence s'étend sur tous les points de la France. Cette armée qu'elle a autour d'elle, celle qu'elle peut si rapidemont lancer de la province sur Paris, qui vous assure qu'elle ne la mettra jamais à la solde de l'émeute? N'avons-nous pas vu naguère la révolte organisée dans ses gares? N'avons-nous pas vu les projets les plus atroces y recevoir un commencement d'exécution? Au chemin du Nord, mécaniciens, ouvriers, n'ont-ils pas refusé le service sous le prétexte apparent d'une augmentation de salaire, mais, en réalité, pour venir en aide aux fauteurs de désordre? Au chemin d'Orléans, n'avons-nous pas vu employés et ouvriers se ranger sous la bannière rouge de nous ne savons plus quel anarchiste, et sous cette bannière menacer l'ordre public?

Si les administrations restent à la tête de cette formidable armée, à laquelle elles ne savent pas commander, de pareilles circonstances amèneront de pareils effets.

Mais les administrations elles-mêmes ont été en Février, en Juin, attaquées par l'émeute.

Oui ; mais ce n'était pas l'émeute politique qui les attaquait, c'était cette émeute à la suite qui ne se pare pas d'un prétexte d'intérêt public, et qui n'arbore que le drapeau de son propre intérêt. Et comment ont-elles été défendues? Aucun de ces mille bras qui les servent ne s'est levé pour elles. Si les chemins eussent appartenu à l'Etat, ils eussent été probablement respectés, mais certainement défendus.

Supposons ensuite, et cette supposition ne paraîtra pas dénuée de toute vraisemblance, supposons que les administrations mettent au service d'un parti ou d'un prétendant leurs moyens de transport, ne peuvent-elles pas compromettre gravement le salut de la République? Et l'Etat laisserait entre leurs mains la clef de la France et l'initiative de nouvelles révolutions, ou bien il se condamnerait à entretenir auprès d'elles une armée permanente pour les contenir ou les combattre! Mais c'est impossible.

Supposons encore que, sans prêter leur concours aux ennemis de la République, ces administrateurs le refusent à ses soutiens. Un corps d'armée doit être dirigé sur un point menacé : les administrations commandent, et le chemin brise ses rails.

N'est-ce pas là une puissance redoutable? Comment la renverser? Encore par le rachat des chemins de fer.

Mais ce droit de rachat appartient-il à l'Etat?

Que n'a-t-on pas dit et écrit sur cette question. Ne rappelons pas ces disputes si animées, disons seulement qu'un chemin de fer n'est pas une propriété plus sacrée qu'un champ, qu'une maison; que les conventions faites entre l'Etat et les particuliers sont résiliables pour cause d'utilité publique, et qu'à cet égard le droit de l'Etat est imprescriptible. Quoi! alors qu'une révolution est venue, qui a promis de réformer tous les abus, que cette révolution a brisé un trône et tout ce qui lui servait d'appui, qu'elle a détruit l'ancienne loi fondamentale du pays, qu'elle a anéanti tous les titres nobiliaires, qu'elle a passé sur toutes les têtes le niveau de l'égalité, elle n'aurait pas pour sa sûreté, et dans l'intérêt de 500 mille prolétaires, le droit de détruire une nouvelle et plus formidable aristocratie! Si ce droit n'existait pas, il faudrait le créer.

En Angleterre, en Amérique les voies de fer sont, il est vrai, restées des propriétés privées; ces états, assis sur des bases inébranlables, n'ont plus rien à redouter de la puissance des compagnies. Mais en France, mais avec une république naissante qui peut chaque jour être menacée du dedans ou du dehors, les chemins de fer doivent appartenir à l'Etat.

Oui, la loi suprême de la sureté de l'Etat et de la conservation de la République font au Gouvernement un devoir impérieux de racheter les chemins de fer, mais *en les payant ce qu'ils valent*, car l'Etat ne doit pas abuser de sa force, l'Etat ne doit pas spolier la fortune du citoyen, l'Etat doit à tous l'exemple de la plus stricte probité.

Nous croyons avoir démontré la nécessité du rachat. Comment le prix de ce rachat sera-t-il fixé?

Le projet de M. Duclerc n'admettait aucune distinction entre tous les chemins, il leur donnait à tous la même valeur; ce principe était injuste : aussi projet et ministre ont-ils été renversés.

Il est plus simple, plus équitable d'invoquer les dispositions de la loi qui, pour cause d'utilité publique, autorise la dépossession par l'Etat des propriétés privées. Cette loi a reglé dans un esprit rempli de sagesse et d'équité la fixation du prix de la dépossession. Si les parties ne s'entendent pas à l'amiable, un jury est constitué qui juge souverainement. A ce compte, il est vrai, les porteurs d'actions, les vrais propriétaires des chemins seront seuls indemnisés; MM. les administrateurs perdront leurs gros émoluments, leurs centaines de mille francs de jetons de présence ; ils n'auront plus le secret de la hausse ou de la baisse, mais 500 familles béniront la République.

Comment le prix du rachat sera-t-il payé? En rente sur l'Etat 5 fr. de rentes, au cours, pour 100 fr. versés.

Le rachat une fois effectué et payé, par quels voies et moyens l'Etat arrivera-t-il, sans appauvrir le trésor, à faire achever les travaux des chemins qui sont en cours d'exécution?

Entrons ici dans quelques détails.

Tous les chemins de fer ne sont pas dans la même position. En première ligne il faut placer les grandes voies, celles qui aboutissent aux frontières, et de toute nécessité, nous l'avons dit, l'État doit posséder ces grandes voies.

Les voies à petit parcours, les embranchements sont quant à présent sans intérêt; on peut les laisser à la propriété privée.

Restent les grandes lignes à peu près terminées et non encore libérées; puis les deux grands chemins en cours d'exécution, Lyon et Strasbourg.

Pour la première de ces lignes, la moitié environ du capital social a été versée, soit 100 millions; les actionnaires ont encore à fournir 100 millions; puis, pour une erreur dans les devis, 100 autres millions. Total 200,000,000.

Nous demandons humblement à l'administration où elle espère trouver cette somme, et nous lui portons le défi d'en encaisser seulement la dixième partie.

Strasbourg est dans le même cas, mais dans une proportion moins forte, et sous tous les rapports dans de meilleures conditions.

Sur les 125 millions de son capital de fondation, les actionnaires ont versé deux cinquièmes, soit 50 millions. Restent 75 millions à recouvrer. Et nous ne craignons pas d'affirmer qu'il n'y en a pas cinq de recouvrables. Quand les 20 millions qui sont encore en caisse seront épuisés, que deviendra l'entreprise? Que deviendra la ligne de Lyon si les 200 millions dont elle a besoin ne lui sont pas versés? On poursuivra les actionnaires, et le résultat de ces poursuites aboutira à des frais faits en pure perte.

Ces deux importantes lignes seront donc abandonnées si les compagnies restent livrées à leurs propres forces. Le pays sera deshérité des deux voies les plus considérables et les plus nécessaires. Les malheureux actionnaires seront ruinés.

Une pareille conséquence est inadmissible sous le régime d'une république qui a pour devise la fraternité, et pour but unique les intérêts du peuple.

Mais, disent les adversaires du rachat, on va concentrer dans les mains de l'État le monopole de l'industrie des chemins de fer : c'est augmenter sa puissance, c'est lui donner une extension qui peut devenir dangereuse.

Un pareil argument est trop vieux de six mois. On pouvait le faire valoir avec avantage sous le gouvernement déchu ; le pouvoir exécutif résidait dans la seule personne du roi, on pouvait craindre l'accroissement outre mesure de ce pouvoir, on pouvait dire, avec le fabuliste :

Notre ennemi, c'est notre maître.

Mais aujourd'hui qui est-ce qui est maître? Chaque citoyen, puisque le peuple français est souverain, puisque les gouvernants sont ses délégués. On ne saurait donc entourer le Gouvernement de trop de puissance pour qu'il protège efficacement tous les intérêts et toutes les libertés.

Soit; mais les capitaux pour achever les travaux? L'État n'a point à s'occuper de les chercher, et nous le prouvons.

Pour achever la ligne de Lyon, il faut que les actionnaires qui ont versé 100 millions versent encore une pareille somme. (Nous laissons de côté les 80 ou 100 millions pour couvrir l'erreur dans les devis; l'État émettra plus tard un emprunt.)

Pour achever la ligne de Strasbourg, il faut un versement de 75 millions.

Or nous affirmons, et nous sommes ici l'interprète de nombreux actionnaires, nous affirmons que si l'État propose aux compagnies 5 p. % de rente, au cours, sur les versements faits et à faire pour libérer les actions, tous les actionnaires accepteront avec reconnaissance cette proposition, et les millions qu'on croit si difficiles à trouver viendront d'eux-mêmes se ranger dans les coffres du Trésor public. Qui ne préférera pas en effet l'intérêt bien assuré de son capital, et la facilité de le réaliser au moment du besoin, aux éventualités si trompeuses qui attendent ce capital, s'il reste dans les mains des compagnies?

Outre les avantages politiques que nous avons déjà signalés pour l'État à devenir propriétaire des lignes de chemin de fer, leur exploitation lui procurera d'immenses bénéfices, ne fussent-ils produits que par les économies possibles dans l'administration.

Nous avons déjà fait le tableau d'une administration de compagnie : Vingt ou trente administrateurs qui reçoivent 200,000 fr. de jetons de présence, un secrétaire général, un caissier, logés, chauffés, éclairés dans un magnifique hôtel entretenu aux frais de la société, des sous-caissiers, des commis, des garçons de bureau; puis, pour le service actif, des ingénieurs en chef, hommes de probité, de talent, sans doute, mais qui coûtent bien cher, de 12 à 20,000 fr. par an, des ingénieurs du matériel, des ingénieurs de la ligne, des sous-ingénieurs, des mécaniciens, des contre-maîtres, des conducteurs de locomotives, etc., etc., qui, malgré les avantages pécuniaires de leurs places, imposent aux compagnies les conditions les plus dures, se mettent en grève, vont à l'émeute, et auraient compromis le service sans la protection armée du Gouvernement.

L'État, au contraire, l'État républicain surtout, exploitera à moins de frais.

Pour tous les chemins de fer, une administration unique, centrale, ressortissant du ministère des travaux publics et du ministère des finances ; les receveurs particuliers des localités traversées par les lignes chargés d'effectuer sur le parcours la rentrée des fonds ; les ingénieurs des ponts et chaussées, et même les ingénieurs civils, chargés de la construction et de l'entretien des voies, et les émoluments des ingénieurs des ponts et chaussées ne s'élèvent ni à 20, ni à 12, ni même à 8,000 fr. par an.

La construction des locomotives, des wagons et de tout le matériel, serait réservée à l'industrie privée, mais par voie d'adjudication, et non plus au gré du bon plaisir ; et pour entrer dans les idées d'une organisation du travail raisonnablement entendue, une part de ces grands travaux pourrait être dévolue à des associations d'ouvriers.

Le personnel des embarcadères, des stations, de la partie vive des chemins, serait organisé militairement comme en Prusse et en Belgique. On évite ainsi les grèves, et on réalise d'importantes économies.

La France n'a pas assez de mécaniciens capables pour la

conduite et la surveillance des convois; des écoles spéciales seraient fondées par le Gouvernement, qui bientôt auraient formé des sujets à opposer aux mécaniciens étrangers, auxquels on ne serait plus forcé d'avoir recours, et dès-lors plus de collisions, plus de dangers pour le service.

Nous n'avons fait qu'indiquer sommairement ce que, dans l'exploitation des lignes ferrées, il serait possible de faire sous la direction du Gouvernement; mais nous en avons dit assez pour faire comprendre que l'État augmenterait considérablement le revenu de ces lignes, soit par une administration meilleure que celle qui les régit actuellement, soit par les économies résultant nécessairement de la centralisation. Ces revenus, ainsi augmentés, ne lui permettraient-ils pas d'améliorer, dans l'avenir, les moyens de transport destinés aux classes pauvres, et d'abaisser le chiffre des tarifs ?

Si nos idées étaient adoptées, l'Assemblée nationale devrait être appelée à sanctionner , par son vote, le décret suivant :

ARTICLE PREMIER.

A compter de ce jour , toutes les grandes lignes de chemins de fer soit construites, soit en voie de construction, deviennent propriétés de l'État.

Ces lignes sont :

Celle de Paris à Orléans jusqu'à Bordeaux.

Celle du Nord jusqu'à la frontière.

Celle de Rouen jusqu'au Hâvre.

Celle de Lyon jusqu'à Marseille et Toulon.

Celle de Strasbourg.

ART. 2.

Les versements de 250 fr. par action pour Lyon, et de 200 fr. par action pour Strasbourg, et les versements à effectuer pour la libération entière de ces actions donneront droit à 5 p. % d'intérêts en rentes au cours, inscrites sur le grand livre de la dette publique.

Les actionnaires devront libérer leurs actions aux époques qui seront ultérieurement fixées. (On pourrait, dès à présent, déterminer ces époques.)

ART. 3.

Les inscriptions de rente ne seront délivrées qu'après l'entière libération des actions. En cas de non versement aux époques fixées, l'actionnaire en retard sera déchu des bénéfices du rachat, et les actions vendues à ses risques et périls.

ART. 4.

Pour les trois autres lignes, l'État traitera de gré à gré avec les compagnies. En cas de désaccord il sera statué dans les termes de la loi du 3 mai 1841 sur les expropriations pour cause d'utilité publique.

ART. 5.

Une commission prise dans le sein de l'Assemblée nationale procédera à la réception des chemins rachetés, afin que tout l'actif qui en dépend passe intact dans le domaine de l'État.

ART. 6.

La Cour des comptes ou une commission spéciale seront chargées de l'examen des comptes en recettes et en dépenses jusqu'au jour de la remise à l'État.

Comme ce mémoire était sous presse, les journaux ont annoncé que M. le ministre des finances avait traité avec l'administration du chemin de fer de Lyon, et que l'Assemblée nationale allait être appelée à sanctionner ce traité par son vote.

C'est un retour vers les idées de M. Duclerc, mais non assez complet; car tous les chemins doivent être rachetés.

C'est un retour vers les idées de M. Duclerc, mais trop complet; car si le premier ministre des finances avait entouré son projet de rachat de conditions mauvaises, celles que propose son successeur ne sont pas meilleures.

Pour l'État, le nouveau projet l'oblige de recourir à un emprunt. A quelles conditions peut-il le faire aujourd'hui?

Pour les actionnaires, il leur fait perdre, sans compensation, une notable partie de leur capital.

Nous avons démontré péremptoirement que l'État devait racheter les chemins de fer, *mais en les payant ce qu'ils valent.*

Or que vaut le chemin de Lyon? Les actionnaires ont déjà versé 100 millions; *vaut-il* 100 *millions*?

Si les dépenses ont été faites, comme les devait faire une sage et bonne administration, avec utilité, intelligence et probité, les travaux exécutés jusqu'à ce jour valent pour l'État 100 millions. *Rien de plus, rien de moins.*

Si au contraire une partie du capital fourni a été mal employée, c'est l'administration qui en est responsable, et une légitime action est ouverte contre elle aux actionnaires. Aussi pensons-nous que M. le ministre des finances doit, avec le concours d'une commission nommée par l'assemblée générale des actionnaires, faire procéder à une expertise sévère des travaux.

Dans le cas où le résultat de cette constatation serait favorable à l'administration, plus de doute alors, les travaux valaient 100 *millions*, il faut que l'État paie 100 millions.

Dans le cas contraire, la justice doit être appelée à statuer sur la responsabilité de l'administration.

Quant aux voies et moyens que nous avons indiqués dans le cours de ce travail, nous les maintenons.

Nous avons dit :

Que l'État faisait une bonne affaire en donnant aux actionnaires cinq pour cent d'intérêt sur les 100 millions versés, à la condition qu'ils libéreront leurs actions, en versant les cent autres millions auxquels ils sont tenus.

Et qu'alors, et alors seulement, l'État leur délivrerait une inscription de rente cinq pour cent, *représentant au cours* le capital versé, soit 500 fr.

Toute action qui ne serait pas libérée, après les délais impartis, serait vendue aux risques et périls du titulaire.

Dans ce système :

Plus d'emprunt par l'État.

Plus de perte pour l'actionnaire.

Le Gouvernement se sera montré juste ; il aura sauvegardé les intérêts de la République, et ceux de tous les pères de famille qui ont confiés leurs capitaux aux compagnies.

Août 1848.

www.ingramcontent.com/pod-product-compliance
Lightning Source LLC
LaVergne TN
LVHW010304230826
846091LV00007BB/2702
9782011770394